.

Et Toi ?

Steve Barrière

Et Toi ?

Une lecture d'1 heure pour écrire toute sa vie

Les noms, les âges, les lieux ont été modifiés. Toute ressemblance avec des personnes réelles,vivantesou mortes, serait pure coincidence.

© couverture Roy Graphic Designer
© 2020, Steve Barrière
Edition : BoD - Book on demand,
12/14 Rond-point des champs Elysées,75008 Paris
Impression : Book on demand GmbH, Norderstedt, Allemagne
ISBN : 978-2-322-240-524
Dépôt légal : septembre 2020

SOMMAIRE

REMERCIEMENTS

Je tiens à remercier chaleureusement Emilie Riger pour son enseignement et sa générosité, et toutes les personnes de l'atelier écriture.

Un grand merci pour la couverture par Céline Roy.

Merci également à ma famille dans l'écoute bienveillante et permanente lorsque je rentre avec mes histoires.

Une pensée pour toi, mamie, dans les moments les plus difficiles.

Je m'en voudrais de ne pas remercier mes collègues soignants lors de ce long périple.

Merci enfin à tous mes formateurs de leur aide.

Ecrire un livre ou lire un cœur
est un travail de tous les jours.

PRÉFACE

À l'école, j'ai appris à refouler mes injonctions quand les : « Chuuuut » intempestifs ou les « Rhoooo, il va en poser une », mais surtout : « Qu'est-ce qu'il n'a pas encore compris lui ? » grondaient au fond.

Finalement, je creusais sur la meilleure des voies car un point d'interrogation vaut de l'or. Lors d'une séance, une énigme bien placée au bon moment peut tout transformer. L'homme change sa carte du monde et la réflexion repousse chaque fois son seuil de tolérance.

Je vais te raconter les histoires qui ont modifié mes cinq dernières années. J'espère que tu déposeras les tiennes. Un livre reste un outil hypnotique qui engendre parfois une conversation intérieure.

Initialement, j'ai créé cet ouvrage pour les personnes qui viennent en hypnose. Cet outil, j'ai décidé finalement de l'ouvrir au plus grand nombre.

J'entends souvent : « Je n'y crois pas », « Je ne suis pas réceptif », « Ça ne marchera jamais. » Rends-moi un service, ne fais pas partie de ceux qui n'ont ni croyances ni rêves.

Les chapitres suivants sont inspirés de faits réels et certaines épreuves m'ont permis d'aller au-delà de mes concepts habituels. Les nouvelles représentent un moyen mnémotechnique de retenir l'essentiel.

Bien sûr, afin de conserver l'anonymat des accompagnés, je tiens à préciser que les noms, les âges ont été modifiés.

Tous les écrits possèdent le pouvoir de transformer une réalité. On dit aussi qu'un livre circule. Avec la différence que celui-ci est privé.

Tu en deviendras la pièce maîtresse. S'il te plaît, joue le jeu, réponds aux questions que je pose en entretien. Ton cerveau t'offrira une multitude de lignes, car le fil rouge du manuel, c'est toi !

Le véritable passionné ne se persuade pas de théories réflexes rassurantes. Il retourne le cube des certitudes pour emprunter un nouveau chemin.

Ne l'oublie pas, tu es ce savant mélange de métaphores qui te réalise. Vas-y ! Tu as 60 minutes pour t'accorder ton moment de silence. Il ne s'agit pas d'égoïsme, mais de cultiver les rondeurs de ta propre planète. Alors libère tes émotions et, d'un seul jet par ta plume, sens-toi libre d'exister.

SARAH

À cette femme qui a changé ma vie en 2015

Sarah, encore embrumée, peine à bouger, tousse pour expectorer. Le réseau meurt sans appel, il lui reste 20% de charge.

Le bruit du scope rythme les lambeaux d'un parchemin de vie perdue. Les piqûres sacrificatrices la réveillent, le fluide se diffuse.

Elle doit encore combattre ce mal interne, même si toutes les cellules de son corps vomissent. Une lourdeur broie ses poumons, ses extrémités fourmillent malgré l'oxygène. Elle doit tenir, être présente, elle doit encore une fois se lever pour lui. Mardi est le jour le plus important.

Inconsciemment, elle passe une main sur son crâne pour sentir le tissu du foulard qui le couvre. Puis elle s'écroule et pleure, c'est le divorce entre ce qu'elle souhaitait et la réalité. Elle caresse son ventre et implore l'envie d'être encore maman. Soudain une crise d'angoisse la paralyse, elle étouffe, elle sonne.

La nuit va être longue, l'aide-soignant pousse comme chaque soir ses chariots, un pour le sale et un pour le propre. Il laisse son petit poste de radio diffuser de la salsa, dans ce service d'oncologie.

Françoise l'infirmière le taquine un peu. La sonnette peut bien assourdir leurs paroles, ils jouent.

–Tiens, elle sonne la jeune de 33 ans, parle-lui. Moi je vais finir le tour, j'ai mes perfs à régler.

Le soignant ignore si toutes ces rencontres l'alimentent encore ? Qu'a-t-il appris en quinze ans ? Il se souvient seulement de ses débuts de jeune diplômé. Un patient affolé avait sonné pour le supplier.

–J'ai fait du mal toute ma vie, j'ai bu, j'ai trompé, battu ma femme, je n'ai pas d'enfants. Je n'ai rien fait de bien. Qu'est-ce qu'il y a de l'autre côté, j'ai peur, aidez-moi !

À l'époque, sans vraiment s'en soucier, il avait tourné les talons. On n'apprend pas cela à l'école. Au fond, le fonctionnaire obéissant suit les autres sans vraiment s'attarder sur l'émotion humaine. Il répète les mêmes gestes, il place sa table roulante qui gratte le sol de ses roues. Puis l'aide-soignant ouvre la porte de celle qui va changer sa vie. L'émission télévisée de 22 heures illumine d'un flash les murs. Sans savoir pourquoi des enfants peuvent sourire sur l'écran comme gardant la meilleure part en eux.

–Bonsoir ! Qu'est-ce qui ne va pas madame ?

–J'ai du mal à respirer et mon portable ne s'allume presque plus.

–Il ne faut pas sonner pour ça madame, on va venir, on est en train de faire le tour.

Elle l'observe sans force, elle se sent seule dans cette chambre de quelques mètres carrés sans humanité. Les yeux pleins de larmes, elle éclate en sanglots.

Un courant d'air lui glace le dos, L'aide-soignant en blanc se fige. Comme la plupart du personnel de sa génération, il travaille avec des gants. Une caresse sur la joue ou l'effleurement d'une main sur un front fiévreux, choque. Il est en effet essentiel de maintenir une distance professionnelle. Le soignant se colle alors au mur pour se rappeler les phrases mystérieuses de son ancien directeur d'I.F.S.I. (Institut de Formation en Soins Infirmiers) :

« Trouvez votre potentiel de ressources, apprenez à lire la carte d'une personne avec votre hémisphère le moins rationnel. Le verbe créateur brille de subjectivité lorsqu'il s'allie au bon geste. »

Sarah le sort de ses pensées.

–Que va devenir mon fils Robin ? Je veux être là pour sa première rentrée des classes, je dois me lever pour lui mardi.

La minuscule photo d'un enfant de 3 ans est accrochée à la barrière métallique du lit.

L'homme ne la lâche pas des yeux afin d'affronter ses doutes. Pour la première fois, quelque chose de lourd s'allège dans sa poitrine, farde ses joues et fait briller ses pupilles.

Il économise sa respiration devenue ventrale et se synchronise pour créer un espace sans pensées parasites. Soudain, une efficacité créative le submerge, comme venue d'ailleurs.

Le soignant descend de son piédestal. Il vient de comprendre qu'une émotion transpire, que nous sommes le miroir de l'autre.

Il prend la main glacée de Sarah en s'asseyant à ses côtés. Le toucher thérapeutique fait partie du travail. C'est l'apprentissage d'une saine communication qui change radicalement le rapport humain.

–Je m'appelle Steve.

–Moi, c'est Sarah. Pourquoi le père de mon fils est allé avec cette femme ? Je n'ai jamais rien fait de mal, c'est injuste, pourquoi moi ?

Le col blanc se surprend. Son corps irradie d'une source nouvelle, son cerveau s'éclaire comme les petites lanternes d'une ville chaleureuse. Cette fois, il ne fuit plus, les mots sortent sans retenue.

–Si vous n'avez rien fait de mal, c'est peut-être que Dieu rappelle un de ses anges ?

Qu'a-t-il dit ? Personne n'a le droit car la folie d'une conscience collective n'existe pas ici, à l'hôpital.

Sarah se calme, elle aussi stupéfaite par la sonorité des mots. Elle installe une pause pour jouer entre la lumière télévisuelle et un état particulier. Regarde-t-elle les images qui défilent ou défile-t-elle dans un autre endroit, à un autre moment ?

La jeune femme, le ton relâché, lui répond :

–Je vois cette petite maison au bord du lac, avec Robin. Il joue près de moi. L'eau est belle, on respire dans cette forêt autour de nous. C'est notre havre de paix. Nous sommes tranquilles tous les deux.

La patiente quitte peu à peu sa peau de chagrin pour renouer avec son esprit. Alors l'aide-soignant sort son chargeur personnel et branche son téléphone. Il vérifie une dernière fois la perfusion pour discrètement la laisser s'endormir.

Le lendemain, la soirée s'annonce identique à la précédente. Françoise attend son collègue à l'entrée du service de médecine, elle souhaite lui parler.

–Qu'est-ce que tu lui as raconté hier à la fumeuse au néo du poumon ? *(Expression pour dire cancer)*

Il bafouille, il ne chante plus et se défile.

–Bah juste, on a parlé… heu chai pas moi, de son fils … de ses craintes, pourquoi ?

Il le sait, l'interdit s'inscrit ici. Il existe une frontière entre le comment de la science et le pourquoi de la philosophie des croyances.

–Le médecin l'a fait transférer en hélico. L'équipe n'a pas compris ce qu'elle disait. Elle a parlé d'anges, de je ne sais trop quoi. Mais elle semblait apaisée lors de son départ pour le bloc.

Le soignant tente de ne montrer aucune expression, suspendu à ses lèvres.

–Et comment elle va ?

–Elle est morte sur la table d'opération.

Sa gorge se noue comme si un objet coinçait ses cordes vocales. Un nuage épais, très brûlant, pique le côté gauche de son thorax.

L'infirmière balance d'un ton monocorde.

–On a déjà vidé sa chambre, ses affaires sont dans les douches. Si par hasard quelqu'un vient les récupérer, c'est à côté du local poubelle.

L'homme en blouse s'affole, son front devient moite, son rythme cardiaque augmente. Ses oreilles rougissent et il sent de petits picotements à leur pointe. Habituellement, l'odeur cendrée de la mort et le mélange hydroalcoolique ne le gênent pas. Là, il suffoque. Pour survivre, il s'extirpe et sort prendre l'air.

La Lune pointe déjà le bout de son nez ; il la regarde, assis à l'entrée. Son avenir sera peut-être un jour là-haut. Sur le parvis de l'hôpital, il contemple la vieille statue d'un homme cloué, le torse nu, la tête basse.

La barbe en bronze de la sculpture luit. Il jure de ne plus jamais tendre l'autre joue, d'approfondir ses valeurs humaines.

L'épreuve reste un cadeau qui fait germer la connaissance d'une nouvelle réalité. Il récolte pour la première fois le fruit comestible d'une promesse. Le soignant est rassasié.

Brutalement, une voix le coupe de sa rêverie. Le directeur l'interpelle :

–Hey ! Que faites-vous là ? Retournez au boulot !

Le bas de son ventre est cintré par un blazer à carreaux. Un paquet de cigarettes dépasse de sa poche.

En règle générale, il affiche le sourire d'un commercial humiliant. Le chef organise les réunions sans les syndicats afin de remettre en question l'équipe, sans se soucier des faits.

–Vous savez que votre collègue est seule dans le service. Je suis d'astreinte cette nuit, je ne vais pas commencer à me laisser emmerder par des bons à rien, retournez à votre poste !

A-t-il déjà pu ressentir une pensée, une intention lors d'un soin ? Le temps se suspend dans l'impuissance. Que dirait-il, lui, à Robin, empreint d'une forte émotion après le décès ? A-t-il déjà employé les phrases telles que « je suis à côté », « je vais prendre soin de vous », « j'écoute vos maux », « je respecte votre espace, », « allez-y, exprimez-vous »…

C'est vouloir ancrer une saine communication entre les individus et non une tarification à l'activité.

—Je vais vous dire, vous avez un savoir-faire indéniable, mais aucun savoir-être.

Le dirigeant vient de prononcer la phrase de trop. Le cerveau du salarié vire au rouge et ne se contient plus. Le soignant se rapproche dangereusement, le regard plein de haine. Une flamme lui donne envie de l'empoigner.

Son supérieur pâlit, recule, beaucoup moins sûr de lui, pour baragouiner.

—Non, mais… c'est pas…

Alors, de colère, l'agent saisit son paquet de petits tubes blancs et jaune bourrés de tabac. Il les jette à ses pieds et les écrase. Le salarié use de toute sa violence pour briser ses chaînes. Sarah l'a réveillé afin qu'il devienne le dépositaire d'une histoire immortelle.

Parfois, dans l'interstice, germe la spontanéité permettant de prendre les meilleures décisions.

Qu'a-t-il compris de son décès ? Il visualise les souvenirs de leur dernière conversation. Il ne deviendra pas l'actif sans réflexions, plus jamais il ne niera la douleur des malades.

Son front se lisse, l'aide-soignant dessine deux fossettes et réagit à la joie d'un cœur vaillant. Il vient d'éliminer son geôlier et de déclencher l'action la plus importante de sa vie.

Dans un élan fier d'une nouvelle identité, l'ancien fonctionnaire lui tourne le dos. Le directeur dépossédé, les bras ballants, l'observe s'éloigner.

La frustration répétée va tôt ou tard déclarer un abandon de poste afin de sortir des gestes machinaux. De nos jours, qui souhaite s'investir dans un travail sans intérêt, assorti d'une démotivation ?

Le professionnel vient de comprendre : la plus belle preuve d'amour véritable est de vivre pour que l'autre existe.

Et Toi ?

Quel est le moment merveilleux qui a changé ta vie ?

Et maintenant : Que reste-t-il de positif en toi ?

THOMAS

À ma grand-mère Roselyne

L'antique pendule résonnait de son tic-tac répétitif. Le vieillard posa ses fesses sur le bord de son lit, presque hypnotisé par l'horloge.

Parfois, on se plaint d'être seul, mais nous n'en prenons conscience qu'une fois nos proches disparus.

Les murs affichaient les photos d'une famille heureuse. On y voyait les repas de Noël, les cadeaux, les sapins, mais surtout sa femme, Roselyne, au sourire du bonheur.

La peinture des cloisons imitait le soleil d'un jaune pâle, sans remplacer la chaleur humaine. De fil en aiguille, le vieil homme se laissait emporter avec légèreté par les saisons qui passaient. Le rythme du temps lui rappelait un autre endroit, à un autre moment.

La salle des Années folles est pavée de carreaux noirs et blancs. Une douce musique tourne sur le gramophone. L'aiguille épouse les sillons et la fleur distille ses notes enivrantes. Cette abeille mélodieuse dépose son nectar rythmé dans les corps. Les rires explosent, les verres se remplissent sur les quelques tables nappées et brodées. Les places assises avec assiettes et cafés délimitent la piste. Les femmes portent de magnifiques robes de soie. Certaines sont coiffées d'un chapeau ou d'un discret bandeau, leurs boucles d'oreilles reflètent la lumière du chandelier.

Thomas, trapu, un peu saoul, devient le centre des attentions, une concubine à chaque bras.

Le bruissement de la télévision le fit se lever brutalement. Son dos courbé alourdissait sa démarche déjà craquante. Ce qui minait le grand-père, c'était de ne plus pouvoir raconter son histoire.

Un verre d'eau s'offrait sur le coin de sa table. Il l'avala cul sec comme pour retrouver un instant de répit. Il réactivait d'anciens réflexes, mais sans l'haleine chargée du liquide brûlant. Cette triste chambre aux vêtements soigneusement rangés dans l'armoire le transportait dans divers mondes.

Les femmes, plus nombreuses, allument leurs longues cigarettes. Elles tapent des pieds, aspirées par l'ambiance sensuelle. Thomas, pourri par l'ivresse, titube vers le bar. Il commande un verre d'alcool jaunâtre ternissant le cristal et se l'enfile d'une traite dans le gosier. Pourtant, il attire les regards, les envieuses, les séduites, les timides, grâce à son charisme de gentleman. Il ne provoque ni dégoût ni réprimande, son côté brutal semble rassurant. Malgré tout, les nouvelles rencontres se comparent toujours à l'unique visage de celle de ses rêves. Le fougueux dépose son pétrole vide pour se donner en spectacle.

Un « toc toc » frappa sa porte. Charline le tira de son sommeil hypnotique. Cette petite brune au regard noisette palliait le manque cruel de personnel.

–Bonjour monsieur Gorski, vous vous souvenez de moi ? Je suis Charline, celle qui lave votre chambre. Il y a de la danse ce soir, vous souhaitez y aller ?

L'aîné scrutait le gazon fraîchement tondu par les jardiniers. Il voyait, assis sur son oreiller, un maigre espace restreint au travers d'une fenêtre bloquée. Un oisillon se posa à côté de sa vitre, puis deux de ses semblables. Les moineaux, d'un bruissement d'aile, s'envolèrent à l'unisson.

Le bonhomme cassé restait digne, malgré l'envie d'en connaître le bout. Son esprit transférait des images et son corps développait des sensations. Le doyen fit l'effort de se tenir debout sans dire un mot. Il ne s'encombrait plus des futilités, seul son pendentif émaillé autour du cou représentait l'œuvre de sa vie.

Charline, d'un charme sans excès, lui fit un clin d'œil. L'octogénaire déverrouilla son ossature grinçante. Il luttait entre une réalité et une dimension plus éloignée. Il se courba en tremblant sans perdre cette politesse d'antan.

–Je m'appelle Thomas Gorski.

Le jeune Thomas investit le damier, envoûté par la danse. Toutes les considérations se focalisent sur les deux femmes qui l'accompagnent. Certains visages sont jaloux, même les épouses gesticulent sur leur chaise. D'un élan, le robuste Thomas attrape la première beauté glacée. Sa brune possède cette froideur capable de faire fondre n'importe quel homme. Le vertigineux capte les curieux, se créant un espace toujours plus influant. On ne traque pas le masculin, on l'attire en devançant ses rêves.

La salle d'animation de l'établissement avait été décorée. L'accès au jardin restait ouvert pour permettre aux résidents sans repères de déambuler. Les luisances de la Lune brillaient, entourées d'un halo religieux. Les étoiles scintillaient au-dessus de la maison de retraite. C'était téméraire d'organiser un tel projet en pleine nuit.

La plupart du personnel, pris dans la routine, avait farouchement critiqué.

–On ne va pas pouvoir… à quoi ça sert… ce n'est pas adapté… Il faut coucher les résidents comme d'habitude sinon ils vont être perturbés cette nuit !

De faux arguments pour ne pas émerveiller quelques-uns une dernière fois.

Les notes de musique entonnaient les tubes de ce bal d'une autre époque. Finalement, les blouses blanches valsaient aux bras d'un vieil homme ou d'une vieille femme. Cette génération racontait l'amour véritable, en dépit d'une jeunesse irréversiblement perdue.

Tout lui semblait familier et ses épaules se relâchèrent progressivement. Dans cet espace, la joie s'intensifiait. Des chevelures grises en fauteuil roulant battaient le tempo, d'autres fredonnaient.

Le cœur du sage retrouvait sa fierté. Charline lui serrait l'avant-bras, dodelinant de la tête sur une musique d'accordéon.

Alors, dans un dernier souhait, M. Gorski lui tendit la main, la ramenant à sa réalité.

–Tout ira à merveille si vous me suivez, mademoiselle.

L'intérimaire n'était plus indifférente. Elle dansait dans un tourbillon chauffant ses semelles. Il n'y avait plus de mots, mais un embrasement.

L'expérimenté brillait de séduction et la guidait sur ses pas. Par instant, son médaillon flottait avec les flashs de son unique romance. Mais les palpitations s'accentuèrent, ses pieds s'alourdir comme pris dans un sable mouvant, ils s'arrêtèrent.

Une bulle les lie tous les trois. Thomas, malgré l'ivresse, garde une noble allure d'Apollon. Sa technique opère dans ce cercle majestueux, les corps s'entrechoquent avec précision, le duo virevolte. La brune aux yeux verts libère une énergie qui électrise l'ambiance. Il la passe d'un bras à l'autre, dans ce jeu souple et fluide.

Furtivement, la seconde se joint à eux avec encore plus de prestance. Elle l'arrache à son tour pour le séduire d'un regard bleu.

Thomas est captivé, il lâche avec douceur et grâce la précédente. Il cramponne le bassin de la suivante, qui détache ses cheveux dorés puis passe ses mains délicates autour de son cou. La silhouette sombre troublée et oubliée s'efface et s'éloigne au fond de la salle.

Sa blonde l'aime. Le couple se prend d'un fou rire et virevolte de plus en vite, avec passion.

D'un seul coup, ils trébuchent et tombent d'un bloc à la renverse. Au-dessus de lui, elle sourit, laissant apparaître un joyeux interstice entre ses dents de devant. Elle porte un pendentif où se dessine un lion sur une plage, qu'un esclave torse nu tente de dompter d'une simple corde.

Dans ce moment, les lèvres se rapprochent, immortalisant leurs deux vies.

Que regardait-il ? À quoi pensait-il ? M. Gorski pleurait. La plupart des gens se seraient contenus ; tout le monde se cache derrière un masque pour ne pas souffrir. La majorité des résidents ne se souciait plus du futur, des ruminations, de la prestance. La maladie donnait une illusion pour vivre. Les immémoriaux, malgré leur dos voûté, conservaient l'authenticité d'une flamme qui continue de s'embraser.

Charline lui frôla la main et le mena dehors. Ce rassemblement de déments escortés de quelques soignants troublait Mr Gorski. Il répétait comme un disque rayé :

–Tout ira bien, mademoiselle, tout ira bien, mademoiselle.

Dans le jardin, des lanternes chinoises miniatures s'éclairaient d'une bougie sur le sol. Une centaine s'envoleraient, telles de minuscules montgolfières. La musique cessa, d'autres pensionnaires et leur infirmier référent les regardaient, eux aussi.

Son accompagnatrice lui murmura :

–Thomas, est-ce que vous pouvez vous rappeler du moment le plus important de votre vie ? Il est temps maintenant de lui dire tout ce que vous n'avez pas pu lui dire. Afin qu'elle puisse aller vers quelque chose de plus lumineux.

Un long silence plomba l'étendue verte. Néanmoins, les gestes compatissants des uns et des autres les marquaient d'un sentimentalisme inhabituel.

Thomas Gorski comprenait la douceur d'une lueur dans sa vie. L'imagination reste avec la conviction d'avoir réussi en aimant une personne sur terre.

Le vieil homme s'affranchissait de la magie du spectacle pour, lui aussi, tirer sa révérence. Il décrocha son médaillon afin de le placer sur le lampion. Il aspirait de toute son âme à transmettre un amour au gré du vent, dans la bonne direction.

Il avait la chance de border son paradis secret de la senteur d'une multitude de souvenirs. Puis il prononça une ultime phrase.

–Je t'aime Rose.

Dans un élan mélodieux, des dizaines de petites lampes s'allégèrent, guidées de plus en plus haut. Les brasillements s'orientèrent enfin en une marche funambule aux mille éclats.

Et Toi ?

Qu'est-ce qui te permettrait de vivre mieux et de te libérer ?

Et maintenant : Quel est le chemin pour y parvenir ?

ARTHUR

Le corps devient un coquillage dont on extrait la musique.

Arthur est un jeune autiste de 25 ans. Il ne parle pas, sa maman souhaiterait qu'il émette au moins un son. Il soupire en permanence pour exister, sans vraiment gagner en autonomie.

À quoi penses-tu, Arthur ?

Une frontière existe entre nos deux états de conscience. Que ressens-tu ? La souffrance ne glisse pas et je perçois les barrières l'empêchant de changer.

Ce 6 janvier 2018, je le reçois. Il marque une distance, bouge sa tête dans tous les sens. Arthur s'exprime par pictogramme sur sa poitrine.

Bien sûr, si je vous demande de fermer les yeux, vous le pouvez. Si je vous dis d'imaginer un paysage, vous me le décrivez, n'est-ce pas ?

Le changement induit des réactions différentes selon les personnes (somnolence, joie immense, pleurs), mais Arthur porte une lourde carapace depuis sa naissance. Il fut étouffé par son cordon ombilical. Désormais, il communique autrement.

Je me trouve déstabilisé : qu'est-ce qu'un état conscience spécifique avec lui ? L'hypnose reste un outil.

La fois suivante, je décide de lui rendre visite dans son foyer. Les éducatrices me précisent qu'il change. Arthur nettoie la table, il s'applique sur les surfaces, se brosse les dents seul et, surtout, il colorie sans dépasser.

–Quelle couleur préfères-tu ?

Il me répond du bout du doigt et me serre mollement la main.

Est-ce que tu te serviras à boire sans aide un jour ? Quand prononceras-tu ton premier mot ? Pierre par pierre, tu te reconstruis, ou est-ce que je projette le désir de te voir te transformer ?

Quelques mois plus tard, sa mère souhaite me rencontrer. Elle tient avec satisfaction un cahier de transmissions. Une première : son fils ne termine plus avidement ses assiettes et se restreint.

Selon elle, les séances lui permettent de faire des choix. Elle me raconte :

–J'ai emmené Arthur chez le médecin qui le suit depuis tout petit. Le docteur, comme d'habitude, me demande où il a mal…

–Demandez directement à Arthur.

Un peu surpris, le docteur a reformulé sa question. Le jeune autiste pour la première fois place ses paumes sur une gorge douloureuse. Un exploit qui permet au médecin de poser le diagnostic d'une belle rhinopharyngite.

Est-ce que tout cela fonctionne ? Où est-ce un simple effet placebo ? La racine du mot signifie « plaire à l'autre ». Ta part inconsciente nous fait-elle assez confiance pour accroître tes capacités ? J'observe depuis seize ans les besoins des individus et je m'adapte. Mais en février, je vais recevoir une claque émotionnelle.

Arthur trémule d'impatience, il explose d'enthousiasme. Nous rigolons d'un rire sans boutades. Cette fois, il me fixe intensément. Une tendresse se lit sur son visage, même si je demeure conscient de la réalité.

Je décide d'utiliser une méthode variant les rythmes comme une vibration dans un tout. Une alternative émotionnelle qui m'aide lorsque le verbal ne suffit plus. C'est comme si, le temps d'une heure, mon patient devenait M. Tout le monde. Je reste soufflé par sa réaction. Je découvre une brillante mansuétude, une profonde communion et de petites attentions sans miracles. Délicatement, sans m'y attendre, il me prend affectueusement la main. Merci Arthur.

En mars, je suis en colère. Il a couru trop longtemps lors d'un marathon organisé par le centre. La chair de ses pieds est à vif, il souffre en silence et retourne dans sa coquille. Dorénavant, les seules paroles qu'il prononcera seront :

–Aïe aïe !

J'ignore ce qui a bien pu se passer dans cet espace-temps, mais je suis sûr d'une chose, tu m'as rendu plus humain dans ta dimension.

Et Toi ?

Quel genre de personne veux-tu être ?

Et maintenant : Quel rôle veux-tu jouer dans ce nouveau chapitre de vie ?

EMMANUEL

L'hypnose est un outil qui sépare la réalité de
l'illusion pour trouver sa vérité.

L'équipe du matin est arrivée, au cri de l'infirmière :

–Il est 8 heures !

La queue est déjà longue dans le couloir pour prendre le traitement. Quelle maladie invisible les ronge ? Le regard vitreux pour certains, le visage inexpressif pour d'autres.

Ils attendent près de l'infirmerie, le temps les règle : - 8h30, 11 heures, puis 18 heures pour la dernière dose. La prise des médicaments reste le seul lien avec les soignants pour échanger quelques mots ou maux.

Le personnel ouvre les portes à 9 heures pour le petit-déjeuner, midi pour le repas, 19 h pour le dîner. Chacun prépare sa table, les timides soutiennent les plus âgées, les phobiques se regroupent dans le fond et les colériques entre eux. Inconsciemment, ils se répartissent par maladie.

Près de 80 % de ces pathologiques se balancent et secouent la tête, portant une combinaison blanche qui les relie.

Patrick, énervé par les chuchotements, chope une conversation au premier rang. Les plus forts, les plus violents comme lui s'installent en coin de table afin de tout examiner.

– Moi, j'ai réussi à décrocher un rendez-vous avec une psychiatre lundi ou mardi, je crois !

– Moi, je n'ai pas pu en obtenir un, il faut que je me dépêche, j'ai bientôt un concert de guitare.

Un homme se lève et entame une mélodie imaginaire que personne n'entend. Il pense à l'instrument invisible qu'il imite avec ses mains.

– Elle est belle hein ?
Tout le monde plonge dans son assiette et le bruit des couverts résonne. Une frontière existe entre les blouses blanches et les soignés. Chacun débarrasse son plateau-repas et nettoie les tables. Une retraite qui oblige à faire le point. Y a-t-il une

lumière ? Un moyen d'évacuer ? Peut-on sortir et donner un sens à son quotidien ?

Il faut écouter en psychiatrie les murmures de l'inconscient pour comprendre la notion de « folie ». Parfois, les patients agressifs deviennent dans les couloirs des agneaux apeurés par un loup omniprésent.

Yannick joue les discrets, il est de ceux dont l'éloquence s'exprime peu. Il s'est toujours façonné une silhouette cachée. Peut-être pour éviter les quolibets de Patrick ?

Dans cette unité, on le surnomme « la Poste » ou « le Bègue » avec son allure de brave bonhomme. Il le sait, le jour où il pourra gérer sa diction, il maîtrisera son addiction.

Pour l'instant, la drogue médicamenteuse devient l'obsession de ceux dont la maîtrise reste difficile, violence, angoisse, pleurs…

Un peu enrobé, les joues rondes, Yannick se réfugiait autrefois dans l'alcool. Avant son entrée, il se levait à 8 heures à cause d'une soif impossible à étancher.

Pour Patrick l'hyperactif, c'est différent. Il fait partie de ceux qui, une fois le soleil levé, excitent tous les patients en les raillant.

Dans sa position haute, il se sent dépaysé. Les cris de ceux en crise ne lui semblent pas familiers et les silences non plus. Les journées passent dans un endroit confiné. Il n'a pas envie de devenir un phobique transformé par un centre aux habitudes régulées, jusqu'à ne plus pouvoir franchir le seuil d'une porte. Patrick, livré à lui-même, comprend que pour survivre, il doit se projeter.

Qu'est-ce qu'il veut sur cette terre ? Que cherche-t-il ici ? Il est clair qu'il ne rentre pas dans les cases imposées par cet univers carcéral. Quels sont les choix qui lui conviendront ? Son idéal serait un état zen n'importe où, n'importe quand et à n'importe quel moment. Bien sûr, il se retrouve comme tous ces déambulants avec des codes à respecter. Patrick secoue la tête pour détourner les mauvaises pensées. Il le sait, même si tout s'effrite autour, tout peut être reconstruit à l'intérieur. Ce grand tas de muscles au crâne rasé s'accroche encore à son ego, vestige d'une ancienne vie, pour jeter son dévolu sur Yannick :

–Alors, la Poste, vous êtes payé cher à l'extérieur pour ne rien faire là-bas. Tu sais le Bègue, je n'ai pas confiance, quand je vois mon facteur, il a toujours du retard. Les seules nouvelles, ce sont les factures.

Yannick bégaie sans vraiment savoir quoi répondre :

–C'est… c'est… un bonnnnnmé… métier, ça peut ra… rapporter en intérim sur… surtout en vélooo ! »

–Bah dis donc, si ton courrier arrive aussi vite que tu parles ! Qui pense du bien de la poste ici ?

La gêne et la honte se lient sur le visage du pauvre bougre qui souhaiterait se cacher dans un trou de souris. Patrick ne le lâche jamais, sauf quand Yannick joue avec ses enfants lors des visites.

Généralement, les dimanches, Yannick parcourt le parc plutôt sombre et désaffecté, mais cherche à en montrer les quelques beautés à sa fille et à son fils. La joie l'égaye et sa femme retrouve son mari souriant à ses côtés.

Y a-t-il de l'amour ? Les doigts se frôlent, mais ne s'enlacent pas. Est-ce que l'épreuve renforce ? Combien d'entretiens a-t-il eus avec des psychologues ? Yannick ne sait plus.

Il a ce besoin inexorable d'être guéri d'un mal inconnu. Son épouse aime encore le père de ses enfants. Une perle lui donnant une autre chance.

Quelle force salvatrice peut mener une telle entreprise ? L'amour est-il un sacrifice sans retenue pour voir au-delà du couple ?

Peut-être manquons-nous dans notre société d'une véritable écoute ? De ne pas avoir peur d'être contaminé ?

La discussion s'arrête, les portes s'ouvrent pour les diriger vers l'atelier de groupe obligatoire.

Les rangs se remplissent devant deux fauteuils noirs et un écran gris affiché au mur. De longues barres métalliques rouillées s'effacent derrière des fenêtres. Une estrade délimite la zone de lumière, trois caméras d'angles filment la petite scène. Une pancarte colle l'interdiction de boire ou de manger et de conserver un téléphone portable. Tout est évidemment étiqueté à l'entrée et mis sous scellés dans un casier. Une vieille cabine à l'écart traîne comme une pièce de musée.

Habituellement, dans ce faux amphithéâtre, les activités les réunissent pour réapprendre à se socialiser. S'ils désirent appeler, des cartes à puce sont à acheter auprès de la cadre de santé.

Cet espace de rencontre sert aussi à partager un moment privilégié avec la famille, loin de la froideur des chambres. Le commandant en chef, c'est le médecin, il décide de la liberté.

Soudain, l'éclairage se règle, une ombre s'illumine et un air frais court sur les peaux. Le dominant Emmanuel se tient, immense, face à tous les autres, assis sur leur chaise. Ce brun à la queue de cheval soignée transpire la sincérité. Un halo de gentillesse l'entoure qui décontracte ses hôtes. Il se prénomme le conteur d'histoires, poussé par un désir d'expliquer. Il discute d'une sphère intérieure fantastique, d'un voyage au cœur de soi-même, devant une foule captivée par ce praticien.

Pour lui, l'hygiène ne semble pas indépendante des parts imaginaires qui s'exploitent.

Emmanuel a laissé pousser un peu sa barbe afin de se vieillir. Une seule question se pose. Que va-t-il faire ?

Il pivote la tête à gauche puis à droite, adressant un large sourire sympathique suivi d'un :

– Bonjour !

Emmanuel ne bouge presque pas. Pourtant, il calcule une pause entre chaque terme.

Dans ce décor, les lettres s'agglutinent, ce qui flotte entre les deux oreilles divague ou berce les figés sur leur chaise, qui déjà commencent à s'évader par l'imaginaire.

– Quelqu'un a-t-il une question ? Si je peux y répondre, je suis là pour ça.

Le premier, un petit nouveau de 20 ans installé dans le coin des agressifs, demande :

– Vous parlez beaucoup des émotions et du mental. Aujourd'hui, mon médecin me martèle le mot somatisation, il n'a que ça à la bouche.

– Eh bien ! Je ne travaille pas dans le médical. Mon opinion est qu'il faut traiter l'individu dans sa globalité. Je m'explique. La parcelle physique se compose de matière osseuse, tissulaire, organique. C'est un moyen de transport avec parfois des manifestations.

Une autre main se lève, celle d'une femme brune, la quarantaine, souffrant d'anorexie. Dans ce genre de structure, certaines patientes tentent de jouer la carte de la séduction. Pourtant, sa question fait vibrer sa voix avec la remontée d'un souvenir.

–Bonjour, je n'ai plus la force de combattre et j'ai beau réfléchir, analyser, cela ne suffit pas pour m'aider à vivre normalement. Que dois-je faire ?

–L'expérience que je propose crée un vide pour apprendre à digérer ou trouver des solutions. Mon but est de transmettre aux gens le calme. Mais je ne sais pas ce que vous découvrirez. La société n'attend pas de sauveur humain. Vous ouvrirez une porte lorsque l'émotion deviendra de plus en plus forte. C'est un apprentissage de se balader sur la ligne du temps afin de déposer son histoire derrière soi et d'emprunter une nouvelle direction.

Ce grand brun sûr de lui pose sa main sur sa poitrine, comme pour montrer sa bonne foi et explique :

–Je crois sincèrement, et ça n'engage que moi. Il faut prendre en compte ses émotions. Elles sont le vecteur qui signe un changement audacieux ou une prise de conscience.

Le langage d'Emmanuel circule et rééquilibre peu à peu l'énergie de chaque individu. Puis il enchaîne :

–Je vous pose une question : qu'est ce qui paraît réel ? Ne faisons-nous pas l'expérience tous les jours de phénomènes particuliers ? D'ailleurs, l'amour n'est-il pas une hallucination ?

Brutalement, une chaise tombe dans un vacarme qui coupe tout le monde d'un songe éveillé. Yannick sollicite la parole.

–Bon… bonjour… je souhaite poser une… une question. C'est… c'est important. Je ne… ne pro prononce pas… pas mon nom… je… je suis Y.

Difficile dans ce milieu de pouvoir aligner une phrase. Une voix explose dans le fond, suivie d'un éclat de rire.

–Arrête tes conneries le Bègue ! On te connaît ici, Yannick.

Emmanuel s'impose devant l'écran géant pour le saluer :

–Enchanté, Y !

Tout tremblant, Yannick ose prononcer :

–Pen… pensez… vou… vous que… que… l'autre a… a… une part… de… de ress… ponsabilité… dans… dans notre vie ?

Emmanuel reste simple, ses minutes deviennent précieuses. Il sourit, allongeant le silence pour plonger son regard hypnotique dans le sien.

–En règle générale, quelqu'un de bienveillant ne s'encombre pas. Même incompris, il poursuit son chemin. L'une des règles fondamentales est que, quand nous pensons avoir acquis quelque chose, elle se perd. Vous hésitez encore Yannick, n'est-ce pas ?

Fermez les yeux, visualisez la maison de vos rêves avec une multitude de pièces. Tout arrive à partir du moment où vous le décidez. Seulement pour redécouvrir votre extérieur, vous devez déverrouiller une fenêtre. Vous la recherchez depuis longtemps, n'est-ce pas ? Qu'est-ce que vous apercevez, Y ?

Ses pieds supportent ses 120 kilos, il s'ancre, statique. Pourtant, Y s'allège, comme pour retrouver son passé de postier.

–Je peux… peux pas, j'ai pas le droit de… de les revoir, c'est… c'est ma faute.

–Vous savez Yannick, le jugement demeure destructeur. Il engendre la perte de l'estime de soi. N'espérez-vous pas épargner votre capacité d'émerveillement pour la dépenser dans un futur proche ?

–Si !

–L'esprit ravageur en chacun de nous ne remercie jamais le bonheur reçu. Celui qui s'attache sans retenue offre de l'importance aux critiques, sans percevoir les dons du ciel. Mais vous, Yannick, c'est différent, n'est-ce pas ? Dans une épreuve compliquée, vous reconnaissez la fierté de faire des choix. Acceptez pour vous apaiser.

–J'accepte !

Une larme coule sur sa joue. Dans cet endroit, il est plutôt déconseillé de montrer un tel comportement. L'émotion passe pour une faiblesse, sauf devant le psychiatre ou la psychologue. Il vaut mieux tout déballer pour réduire sa peine.

–Quand le doute vous assaille, Yannick, engloutissez-le grâce à la persévérance d'une vision. Gardez votre intégrité, investissez-vous dans l'avenir. Je crois que l'essentiel reste un idéal gracieux multipliant sans cesse le vrai désir d'aimer. Vous pouvez avec fierté gonfler librement vos poumons et revenir en retrouvant la clarté de la pièce.

Y semble respirer de nouveau. Ces paroles l'ont ressourcé, mais une seconde salve l'attaque. L'énervement commence par broyer son estomac puis contracte les veines de son cou. Il s'enflamme pour brûler ses pensées. Comment porter l'autre dans son cœur lorsqu'il vous gifle de ses expressions ?

–Alors, content ? T'as eu ta réponse le Bègue !

–Mais ferme ta gueule Patrick ! Qu'est-ce que tu viens me faire chier ? J'ai déjà désossé mon patron y a quelques mois, j'ai rien à perdre avec toi.

Patrick se lève brusquement, piqué d'un simple jet. La tension monte d'un cran.

Deux gorilles en blouse se précipitent pour poser un cadre. Yannick, lui, se rassoit, surpris. Depuis combien temps n'a-t-il pas reconstitué parfaitement une phrase ?

Patrick s'en prend à présent à Emmanuel :

–C'est des conneries tout ce que vous racontez ! Moi par exemple, je ne suis pas réceptif ! Personne ne me contrôle !

–Personne ne vous contrôle ?

–Je suis radicalement contre vos séances groupées et filmées. D'ailleurs, je ne comprends pas pourquoi on s'entête à vous amener ici depuis un mois. Vous cherchez quoi au juste ? Vous enquêtez ? Vous êtes avec les juges ? Je crache sur votre méthode !

–OK, d'accord… la méthode ?

–Oui, tout ce baratin sur soi-même, pour soi-disant s'aérer intérieurement. Et ces états de conscience, chai pas quoi. Ça n'existe pas tout ça, c'est truqué. Je crois qu'être manipulé par magie ne résout rien.

Les cerbères serrent leurs poings et souffrent d'une démangeaison, celle de le cogner. Emmanuel répète systématiquement la fin des phrases, lissant la discussion d'un ton suave.

–Je comprends. Est-ce que vous croyez en la magie, Patrick ?

Dans cet espace en groupe, l'inquisiteur consolide son langage haineux. La rage mousse au bord de ses lèvres.

–Ce que vous pratiquez, ce n'est pas de la délivrance, c'est le mal. Vous nous manipulez, vous sentez le marchand de sable à plein nez. Laissez-nous purger ! L'existence est une cuillère de merde que l'on avale tous les jours. J'étais comme vous avant, un escroc. J'avais beaucoup d'argent, une femme et un enfant. J'ai chuté dans cet enfer.

Emmanuel l'écoute avec bienveillance. Il sait comment émerger du cercle des fausses croyances. Face aux attaques, il garde l'esprit clair. Il ne néglige surtout pas l'inefficacité des discours explicatifs. Au bout d'un moment, le venin se dissipe dans la conversation. Par le passé, chaque fois qu'il a analysé ou justifié, il abandonnait le précieux lien émotionnel. Son secret demeure ses questions.

–Je ne vous demanderai pas ce qui s'est produit. Si je résume, vous avez vécu le paradis, car vous aviez de l'influence, c'est ça ?

–Oui.

L'énergie s'équilibre et le fardeau se partage.

–Si vous deviez résumer votre problème en un mot, c'est quoi ?
–Une lourde colère.

Emmanuel, magnanime, lui sourit.

–Ça fait beaucoup de mots ! Je suis persuadé que derrière une émotion s'en cache une autre. Au travers de votre colère, vous trouveriez quelles émotions ?

–De la joie et du soulagement !

–D'accord, Patrick. Si vous définissez vos qualités dans votre quotidien, quelles sont-elles ?

–Qu'est-ce que j'en sais moi ?

Patrick bloque une seconde.

–Prenez votre temps pour réfléchir.

Toujours debout, il dévoile avec hésitation :

–Généreux. Si un de mes camarades tombe en galère, je n'hésite pas.
–D'accord, si je résume, vous êtes un père de famille généreux qui n'hésite pas en cas de difficultés pour les autres, c'est ça ?

Patrick hoche la tête.

–Qu'est-ce qu'il vous manque alors pour vous soulager ?

Patrick ravale sa salive, les pupilles embrumées.

–Je n'ai jamais écrit à ma fille ni revu mon ex-femme.

–Merci Patrick pour votre franchise et votre courage à prononcer tout ça. Je vous conseille de ne pas tarder à réaliser le plus important.

Dans ce tunnel éclairé d'une nouvelle conscience, Patrick se dirige vers Yannick. Les surveillants se tendent brutalement, l'un d'eux lui porte un coup contre le creux poplité.

L'interné s'agenouille, les deux gardiens le couchent au sol appuyant tout leur poids sur sa nuque. Il crie :

–Excuse-moi mon pote ! Excuse-moi Y ! Je voulais juste te serrer la main.

L'un des infirmiers sort une seringue et l'injecte directement dans la cuisse. Patrick sursaute, puis sa vue se trouble, ses muscles deviennent aussi mous qu'une pieuvre. Maintenant, un tas d'hommes pullulent dans les rangs, plus personne ne bronche. Dans l'allée principale, un brancard charge Patrick vers la sortie pour ne pas le traîner au sol.

Yannick le regarde s'éloigner. Cette séance l'a bouleversé. L'espace d'un instant, il a pu s'évader pour intégrer la meilleure version de lui-même. Un tas de questions existentielles émergent faisant sens à sa vie.

Peut-être que la vraie folie est de ne pas se réaliser sur cette terre ?

Et toi ?

Quel rêve souhaites-tu rendre possible ?

Et maintenant : Que penses-tu que ce rêve va transformer en toi ?

POSTFACE

Après douze ans de loyaux services, je ne parvenais plus à trouver de questions existentielles. Le bouleversement est, je crois, survenu cette nuit-là auprès de Sarah.

Je pense sincèrement que les premiers conteurs portaient un visage universel afin d'accompagner les maux par les mots.

Normalement, la blouse blanche sème de petits cailloux et confie au soigné la fonction de les tailler en pierres précieuses.

Le véritable samaritain ne se sacrifie pas, il considère l'autre comme un roman tombé du ciel.

En ce qui me concerne, l'allégorie devient le moyen de faire naître un éveil de la conscience. La projection bienveillante reste primordiale pour transformer ce qui existe à l'intérieur de toi.

Il n'y a pas de secret, mets ton cœur à l'ouvrage. Mon professeur de tai chi me surinait : « C'est l'intention qui compte, et la répétition. »

De nouveaux songes égalent une nouvelle vie, non pas sans sueur, mais avec la certitude de laisser une vibration de joie te submerger. Alors cherche ce qui te limite pour enfin t'élever et te réaliser.

Je te souhaite de cultiver ton jardin secret afin de t'approcher de cette bougie intérieure et, ainsi, de vivre une « expérience émotionnelle constructive ».

Contact : www.hypnodelivrance.fr